DIVERSAS NIMIEDADES

DIVERSAS NIMIEDADES

CONCHA GARCÍA

4/10

DIVERSAS NIMIEDADES
Primera edición: abril 2024

© De los poemas: Concha García
© De la fotografía de la autora: Francisco Sánchez
© Del diseño de cubierta y maquetación: Nautilus Ediciones
© De la selección de poetas y coordinación editorial: Samuel Trigueros
   Nautilus Ediciones
   nautilusedicioneshn@gmail.com

ISBN: 978-84-10241-04-6
Depósito Legal: Z 706-2024

Impreso en España, Unión Europea

CONCHA GARCÍA
(España)

(La Rambla, Córdoba) Ha vivido en Barcelona la mayor parte de su vida. En la actualidad reside en Córdoba. Licenciada en Filología Hispánica por la Universidad de Barcelona. Es autora de varios poemarios: *Ya nada es rito y otros poemas. Obra reunida 1990-2003* (Dilema, reedición en 2018); *Ayer y calles* (Visor, 1995), *Cuántas llaves* (Icaria, 1998), *Árboles que ya florecerán* (Igitur, 2001), *Lo de ella* (Icaria, 2003) *Acontecimiento* (Tusquets, 2008); *El día anterior al momento de quererle* (Calambur, 2013) y *Las proximidades* (Calambur, 2016), *Vasta sed* (Cántico, 2020), *Cuota de mal* (Rayo Azul, Huerga y Fierro, 2022).
Autora de ensayos sobre poesía: *Asomos de Luz* (Amargord, 2013) y *Miradas en los entresijos* (Libros de la Resistencia, 2020), *Bajo la luz de la lámpara* (Cántico, Col. La hora de la estrella) y de diarios: *La Lejanía. Cuaderno de Montevideo* (Carena, 2013), *Los antiguos domicilios* (La Isla de Siltolá, 2016), *Desvío a Buenos Aires. Diario de una poeta en la Patagonia argentina* (Chamán ediciones, 2019) y *Ciudades escritas* (2019), *El vértigo horizontal* (Cántico 2023). Como crítica literaria es autora de dos antologías de poesía de la Patagonia Argentina.

Su obra cuenta con importantes distinciones como el Premio Aula Negra de la Universidad de León, Premio Barcarola de Poesía, Premio Jaime Gil de Biedma, Premio Dama de Baza y Premio de Igualdad de la Diputación de Córdoba por la trayectoria de su obra dando visibilidad a mujeres escritoras. Asimismo ha desarrollado una importante labor como gestora cultural coordinando encuentros de mujeres poetas en Barcelona. Dirige la colección: *La hora de la estrella* en la Editorial Cántico.

*

Pero árboles que ya florecerán.
Estancamiento en la visita.
No me llenes más. Días así,
de un apretado bienestar, caen,
dicen que caen cuando se secan,
me doblo en tres, soy tu ciudad
la manera de cruzarla. Te veo.
Asentamiento de un barrio.
Dos cines para veinticinco mil almas.
Perpetro en lo sabido ¿Nunca dije?
Cien grifos sacando agua
te amo en cada gota.
La proximidad entre dos cuerpos
no es una invención cultural.
Reírse así de fácil en noes
para escudarte a solas conmigo.
Rellenas los envoltorios vacíos
y una sucesión de cromos
completa álbumes sin el peso
de las fotografías agujereadas
de ojos que ya no. Ya no.
Qué frío. ¿Qué son los años?

*

Antes de las nueve en el balcón
tras la bruma de la ciudad, la cortina
de todas las tristezas y los transeúntes
y la inminencia del futuro
Voy a vomitar, abre la ventana.
En los lugares de retiro siempre
hay una huella de corteza
donde se dibuja la linealidad
de lo relativo y lo hondo
es la moneda falsa. Pero
árboles que ya florecerán
en este momento que no es grave
mirar por la ventana
y verlas pasar. En sus cuerpos había algo
como el fuego del hogar
un domesticado fulgor sobre el deseo.
Si se sabe, nadie puede detenerlo.
Pero no lo saben. Transeúntes
deseando que la punta del lápiz
sea el trazo.

*

Donde penden las nubes
te quiere poseer y percibes
una clara iluminación que te arrincona
al lugar más lejano - porque existe-
y la posesión tiene forma de álamo negro
fácil de plantar, enorme cuando se ramifica.
Produce clones
que le dan nombre a otros árboles
de la misma familia.

*

Te quiero, pero deseo más.
Esta es la catástrofe. Puñados
en un grumo. Esta es la heredad.
Repartíos, multiplicaos, sed
no vosotros mismos sino estancias
donde duplicar la intuición
en el fondo de las razones,
dudas. Te quiero. Me lo dije
yendo en autobús. Qué hermoso
era mi vientre entonces. Asumía
que el olor del mar
se parapetaba con un movimiento oscilante
de arriba al lado, te apretaba
y mi cuerpo olía a un aroma
que ahora desprende la maceta.
Sacudió el aire una rama de menta
y huele a mi, a la que fui.

*

La edad son goznes
mirar hacia abajo
ver un fondo donde ardes
sentimientos de pena
que alcanza algo mejorable
sin que se sepa definir
esto es aquello, y lo otro
no cabe así. El día bruto
la luz era maléfica
una religión era necesaria.
Voy a mi extremo
que no tuviera miedo de la noche
ni de repetir la escena.
Desvié mis ojos hacia la cama
no estaba yo tampoco. Treinta años
condensados en el gesto
indefinible, cercano, inalcanzable,
enroscando la cafetera
junto a ningún ser aquí cerca.
Sólo tus muslos húmedos
alcanzan un arco de 48 horas
sin determinar bien
qué emoción antecede a otra
o cuál es el lugar
donde poner las manos ahora.
Tus muslos ardían
  dentro del arco

en el que me muevo a tientas
regalo del tiempo el acto,
alguien me lo dio todo
en una pensión. La botella
la lámpara, la colcha verde,
recuerdo eso y la luz recogida
tras las cortinas, recuerdo eso,
la televisión, un sutil movimiento
para entrar en cavernas de ansia,
y el trabajo de los días,
de los años, de lo prieto.
Que el amor perdure -decías-
largo instante inscrito aquí
y ahora mismo
en la divisibilidad.
Parece ser que se origina
lo perdurable en el instante
dispersando el escalofrío.
Yo, para ti, tú, para mí.
Resplandor y música
alguien golpeó la pared.

SENTADA

He visto los taburetes repartidos
se sentaba un hombre solo. También
recuerdo que la botella de *Beefeater*
se ladeó un poco. Bueno, quizás
es mejor decir que el camarero
la puso mal en el anaquel.
es lo mismo. Una especie de imaginación
dobla mi ímpetu solitario, lo arquea
hacia un lado. El sentimiento nocturno
hace que se balancee la vida de los demás
en la mía propia.
De pronto un tren se va, y estoy
en una estación. La máquina de tabaco
sombrea el espacio donde permanezco
sentada, y me imagino
lo negro.

EL TIEMPO SÍ REGRESA

Una cacerola que dejé puesta un día
sobre el mármol de la cocina.
Aquel lugar deshabitado largos años
mantuvo el utensilio. Yo era otra
al volver a destaparla. Vi moho
vi roña, vi partículas muy confusas
nadando en el agua pestilente. Vi
la forma de la cacerola intacta.
Recorrí con la mirada cansina
los alrededores del lugar y el tiempo
se volcó sobre mí. El mismo edificio,
la misma calle, las mismas acacias.
El hedor de la cacerola era tan intenso
que me aparté a la ventana
para respirar. Mirando la calle
vi la misma gente, las mismas
conversaciones de la gente. Lo vi
todo igual. Vacié aquel hediondo
líquido y restregué la porcelana
con un viejo estropajo que se deshizo
entre mis dedos.

LEVE DELICADEZA

No sé. Abro el buzón. Llegan
aquellas cosas mal puestas
en una silla o sobre ella.
Aturdirme de letras,
vivir tardíamente dos pasos
lo justo para intransitar lo cotidiano.
Verme en el espejo. Sí, otro día.
Sí, son varios. Sí, fueron muchos.
No sé. Llegar, doblar la ropa,
otear la casa, el interior de la casa
de soslayo, y a veces de frente
sin dejar de examinarme. Es eso.
Sí, es eso. La felicidad no tiene temblores
ni arquea días. Es eso, fíjate
qué cotidiano. Qué leve delicadeza
casi a solas.

LA MEMORIA

Dirección a casa se han puesto grises
los lomos de los libros y el reflejo
de un vaso vacío brilla ocupando
todo el mueble. Siento el primer
escalofrío de la pérdida. Una rara coherencia
apabulla mis sentidos. He roto un saquito
de arena y mi abuela se ha desparramado.
Abriendo el álbum, algo familiar
que no me mira, fija su vista
hacia mi chaqueta. Me veo hermosa
porque soy dos estilos de persona
estilos que se acortan o son estilos
de provincia diversos, no sé
si ya quedan provincias. También he visto
dos estilos de muchacha. Una no sé
si regresaba de algún sitio, o si iba,
vestía como hubiera vestido la madre
de cualquiera. Otra llevaba ornamentos
que me recuerdan el brillo del vaso
ocupando todo el mueble.

DIVERSAS NIMIEDADES

Sobresaliendo del libro, una tira de papel
que señala el párrafo.
Ha dejado abandonada su futilidad
y lee. Al leer
oquedades arbitrarias asolan
su otro pensamiento.
No se entrega de lleno a nada. Ni siquiera
el libro le aparta del todo. Una vez
cree que se entregó y le pareció una estafa.
A través de la cortina ve la calle.
Es hermosa la calle.
Pasan hombres solos. Mujeres solas.
Pasan deprisa. Las ciudades se han olvidado
de la lentitud. Todo le parece que concluye
en su propia naturaleza. Que no se desarrolla
más que un absurdo ciclo de ir aquí
y allá, de relojes acelerados,
de contraluces
que perdieron el brillo de la luz originaria.
Hasta la lectura, presumiblemente lenta
es un acopio de citas, de información.
Su sentimiento se aparta: en otro lugar
de la memoria las vidas transcurren
lentas, y alcanza de súbito
la duda originaria,
una duda inexplicable que le obliga

a revelarse como alguien que no entiende
nada de lo que ha leído. La vida
son páginas acumuladas. El polvo sobre
las páginas. Hombres solos. Mujeres solas.
La cortina. La calle. La luz resquebrajada.

MI DISIPACIÓN

Alta. Restabas tu brillo.
Serpentea aún sobre
algunos edificios. Te veo
en la ventana desmantelando
la mesa con un hombre al lado.
¿U otra mujer? El brillo
no te alcanza
y no lo veo.

EL EFECTO DE UN PAISAJE

Es la una y treinta
Medio cuerpo asomado
a la vida entera. Desapercibo
un raro calambreo que nace
en las piernas. Brilla lo que
queda de luna. Mis oquedades
buscan ritos, mis soledades
están sobre los zapatos
que he deshebillado
porque me ladeaba su presión.
Estoy entera como la vida que miro
como la vida que me deja
me deja medio cuerpo asomado
a ella.

EXTRAÑEZA

Salir a la calle hipnotizada
de un nuevo hogar
al arrastrar una bolsa que contiene alimentos
para una semana entera con todas sus noches.
Viscerales requiebros. Nuestra sabiduría
está formada de sensaciones ilógicas
como empujar este carro con ruedas pequeñas
y sentir que si apedrease una pared
se resquebrajaría la piedra. Es como
si una liberación parecida a nacer
anduviese conmigo en este extraño trayecto.

ALAS NEGRAS

He dormido mal esta noche, estaba en una isla
donde para ver el mar tenías que atravesar un pasillo
forjado dentro de una roca. Iba con alguien
para cruzar aquel duro trayecto, pero estaba lejos
porque no podía hablarle, ni tocarle, ni sentir
que su presencia podía tranquilizarme. Los recuerdos
de las noches en las que no duermes pero parece que duermes
connotan otra ley en la dimensión de la realidad.
Al salir del pasillo de piedra vimos un agua azul
y sobre ella aleteaban pájaros negros muy grandes,
pájaros con alas desgajadas, alas negras solitarias
vistas a través de la abertura de aquella cueva larga
sentí que el mundo interior se unía al mundo exterior
y formé una unidad en mi ser.
Días más tarde, recordándolo en un bar,
me vi en un espejo ovalado: no estaba entera,
me faltaban los ojos y la barbilla, algo de los labios
también se había diluido, yo era una nariz
con unos pómulos y una frente ancha que bebía cerveza.

TITUBEAR

Después de sentarse sobre el único asiento libre
del autobús. Después de sacar el diario,
de guardar en el bolso el monedero
mira por la ventanilla. O sería mejor
decir que mira a través de la ventana,
o acaso, seria mejor decir que quisiera
que al mirar algo se revelase: una verdad
un acontecimiento, una sensación.
Pero agacha la cabeza. Recuerda la noche anterior,
un sólo asiento vacío en el cine
en primera fila. También miraba hacia la pantalla
buscando algo revelador, una emoción,
un rostro. Inquieta, comprime el diario
y deja los ojos cerrados mientras aprieta
con mucha fuerza los puños.

UN BRILLO DEL NO

He visto romperse cántaros y estaba presente.
Mi cuarto es una playa. Se extiende.
Mi cuarto. Compartí en lugares poco ignotos
la mirada nunca correspondida. Nunca dispuesta.
Mi cuarto no deja de ser un dormitorio
con una cama, en sus garras estuve presente.
Era una geografía limitada por demarcaciones
territoriales. Una parca extensión de terreno
de la que emergía una ciudad con lengua propia
donde pude ver mis dedos
desentendiéndose del sentimiento. Es grave
por ahí comienza **todo**. *Lo vas a tener difícil.*
Yo también. Estoy rota.
La belleza es transitoria si no conmueve.
El centro resquebrajado. Las aristas romas.
Me gustaba estar sobre la cama
de mi cuarto, los botines morían.
Yo también, pero era una valentía,
un brillo del no. Me eduqué en la quimera
del **sí a todo**. El poema es un tragaluz.
Despuntaba el día cuadrilátero.
Nuestras cabezas. Los cántaros.

LO REAL

Voy hace mucho tiempo
aparece al doblar una sábana
ensanchándose desde el cielo
sin darme cobertura
se extiende cuan larga es
en los extremos no se resquebraja
se acomoda a la forma del día
y no es el viento quien la moldea
nunca es una mancha y siempre
rastrea algo que no sucedió.

AL FINAL DE LA PELÍCULA, UN NUDO EN LA GARGANTA

Los colores y geometrías
pertenecen al orden
de la percepción, las formas
poseen varias cualidades
que refractan en otros
posibles mundos,
mientras camino
sobre la hierba
no veo los hacendosos
insectos, ni las oscuras
hormigas, ni las larvas
que dejan los gusanos,
ni la piña que se seca,
donde viven minúsculos seres
asociados a formas que no
puedo captar.

OTRO SOPLO DE VIDA

Duermo a intervalos.
Cuando el don se instala
elijo escogerte. Mis brazos
equilibran un anhelo antiguo
carecen de foco,
forman un hundimiento preciso
que alegra lo profundo del cambio
y revivo ajena, reconociéndome
en tardes con bancos verdes sin nadie
como un hermoso castigo.

APRETADA ENTRE LA GENTE

Se da muy pocas veces.
Alguien mirando cómo cambia el paisaje
o la puerta se blinda, también
es un infinito recuerdo
que dura lo que un parpadeo.
A veces dejas de recrearte
en la esencia y buscas soportes
que acarreen lo que fue de ti.
Lapso de tiempo que arranque
la maquinaria de lo dado
a través de todos los miedos.
Y si surgiera, solitaria, la figura,
te apretarías a su cuerpo. No harías
otra cosa.

ENTREABRIENDO LA PUERTA

Cruje el tiempo.
Lo cercano se resquebraja.
Parte de un lugar el dedo
que no tiene mapa.
Se aspereza la causa
que lo movía todo.
La raya del vestido
se hunde en la plancha.
Levanta el vuelo
la piel que lo habitaba.

EN LA DUCHA

Hoy he hecho un adelanto.
No confundí la espesura
con cierta manera de mirar,
tampoco me equivoqué de calle.
Eso no es terrible,
si se vive en la ciudad.
¿Sabes? Te adoro. Voy a definir
exactamente en qué consiste
tamaño esplendor. Es un brillo
que acompaña. Es un brillo
¿que acompaña?

RELATO

He oteado el porvenir y la sala,
también el solar donde me ubico.
No hay montañas, ni las deseo.
Qué insólito lugar para existir,
cuando alguien comienza a idealizar
es que ha perdido un broche.
Le llamo broche
a la inscripción en oro de una cumbre.

ORDENANDO LOS LIBROS

El suelo no quiebra nada
ni se despistan los pájaros
en el orden del mundo: tenebrosa
alcancía. El material
de ese orden apuntalado,
como quién vive en su casa
sin sentir verdades,
sin saber que es cierto
 el calambre del cuerpo
y que el alma
carece de lindes.

EL SUEÑO DE LA BORDADORA

Eran las seis, atardecía,
un enorme bloque de pisos
tejió una sombra enmarañada
que se detuvo en mi cuaderno,
lo que viví
enhebra existencia.
Algunas veces, la amenaza
se cae conmigo, y os veo
a casi todas, convocadas
en un trajín que apenas recuerdo.
Parece ser que fuisteis
aunque baje la cabeza y todo
lo que recuerde sea la sombra.
Un alegre plato de comida china
me regresa a los cuerpos que fui,
nos paseamos en ciudades diversas.

UN RAYO DE SOMBRA

No parece haber esencia
en la manera de recogerse el pelo.
Los días libres
se alargan en domingos amontonados,
no hay reconocimiento certero,
ni tampoco hay pasos que dar,
ni ociosas comparaciones, no hay
vuelcos, ni la medida
triangular, ni la sacudida,
sólo la penosa tranquilidad, el simulacro,
en el expectante
domicilio.

ANTE LAS ADELFAS

No sé si el juicio de nuestros contemporáneos
es lo que importa. Quizás sea mejor
situarse ante las adelfas,
un poco más adentro de la foto,
donde cuando niña
aprendió a ser relativa.
Es hermosa la visión desde ese ángulo.
Alguien la mira desde atrás, se adivina
una sombra. Días venideros no constan.

OSCURO

Siempre que levanto la piedra
el gusano blanco se enrosca
acomodándose en su delgada forma
agazapado en el hueco de tierra
húmeda, negra. Su existencia
no forma parte de mi vida
aunque acabe por devorar
todo lo que horada. Avanza
con sus patitas invisibles, nocturnas.
Sale a flote dejando larvas
y es comido por algunas aves.
Casi no importa
ser parte del relato.

MUDEZ

No se puede demostrar que algo tan pueril
como pensar en la justicia te convierta en justo.
Sobrecogía ver al poeta recitar una serie
de endecasílabos encadenados cuyo tema
no se apartaba un milímetro del discurso
que alinea sílabas y ordena el mundo
en un sinfín de dictados aprehendidos
apresados por el peso de la inacción.

PARTENOGÉNESIS

Pasan sin detenerse
en los palmerales.
Las vimos alzar el vuelo
antes de que llegara
el tiempo de las lluvias.
Hoy recordamos
que tenían alas
y que nosotras
parimos a los cazadores,
que nuestro cuerpo
es útil para ellos,
que nuestras criaturas
corretean sin sentir
todo lo que hemos perdido.

ACRE

Las preguntas que te haces
con el paso de los años
son apenas certezas, pensadas
y reabiertas como si hubieses
encontrado alguna vez
una perla. Tantas cosas
existen fuera de tu mente
que no concibes
mundo menor.

GRISES

Todo se necesita
un ala escondida, un llanto oculto,
un hermoso día, un mes muy a solas,
la larga vara de los estancos momentos
la tiza que lo escribe, el sol
que lo derrite, la niebla que esconde
densas masas de cemento
y algún sinsabor que renace,
los tibios sonidos de un mar
al reencuentro de aves de paso.

HORIZONTE

Desde luego que es una casa más grande
y menos desértica. Tal vez la había
imaginado con menos libros
o con unas ventanas más altas.
Ojalá no hubiese desaparecido cuando
en la carretera frente a una bodega
de un lugar fronterizo
una pareja llenaba la parte trasera
de su auto con varias cajas de vinos.
Iban a una. Los dos hacían huecos
entre los equipajes para que cupiesen
más botellas. Pensé que eso de hacer
algo entre dos, ir en la misma dirección
es haber encontrado el amor,
pero son pensamientos. En la espera
ellos se fueron y yo me quedé un rato más.
Al fin, la autopista se abre
y en la salida 13, bajo algunos nidos de cigüeñas
la casa reaparece
con balcones que no había percibido.

ANAQUEL

Leo las referencias bibliográficas
acerca del suicidio de Silvia Plath
que me conducen
a las de otra poeta que se tiró
de un espigón en Mar de Plata,
 Alfonsina Storni y su bello perfil
y Anne Sexton, en una cocina,
también Pizarnik, la enterradora de palabras
donde ocultaba como diamantes
varias clases de silencios,
su fulgor recorre los días abarcables.
Con ellas leo que la poesía
puede ser un enigma cuando
no sabes qué decir y lo somatizas
en tu cuerpo. Hace un tiempo
albergaba una honda satisfacción
que no era producida por nada.
Abro la ventana, noto aire,
el sol de la calle deja ver
millones de motas
que se dibujan flotantes
en el haz de luz.

AZABACHE

Sus manos, qué saben de abrir
con llave una casa, apretadas
en la barandadilla del puerto junto
a otras del mismo color, jóvenes,
tan hermosas, no como las tuyas
siempre al acecho de algo.Hubieses
troceado con más rabia la carne
dando un portazo a tus familiares,
esas curiosas parentelas que comen turrón
y abren en canal pavos rellenos,
pensando, que en el fondo
ojalá se ahoguen todos.

LA DERROTA DA PRUEBAS DE QUE ESTAMOS VIVAS

Recuerdo dos horas seguidas.
Luego un abatimiento. Se filtraba
la luz, pero anochecía. Yo era otra.
¿Dónde estará aquella ropa?
Era la misma que soy ahora.
Menos cosas que recordar
menos vida, o más vida, o poca
vida. O ninguna vida por delante
ni hacia atrás. Mi vida. ¿Qué es mi vida?
Estaba sentada en otra silla, lo recuerdo,
estructura de madera recubierta de lona.
Sobre una mesa con un cristal resquebrajado
escribí un poema, ¿o era el mismo
poema? Un ansia de recordar
lo invade todo y decido escribir
cinco o seis poemas más. Me llevan
a raros lugares donde estuve. No sufro.
Sufría. ¿Mejor o peor? Abatimiento
porque recuerdo la misma soledad.
La misma soledad no me convierte en otra persona.
Será ese el hilo, mi fantasma, mi amor,
el que me eleva y me deshace, pero no
me perturba. Sería cuestión
de sentir distintas soledades. Varias soledades.
Que muchas soledades se agolpasen de pronto
para ir al supermercado, o sintiendo

deseos de ir al mar. Que todas las soledades
se dispersaran para confundir ésta tan real.
Y al ser tantas podría elegir matices,
colores, estelas, varios poemas para varios estados
y no escribiría el mismo poema
al repetir esta exhalación que sólo oyen
ciertas solitarias al empujar la colilla
con la punta del zapato.

EL TRIUNFO DE LO CADUCO

Primero el dinero
luego, la vida
o la vida antes
que el dinero o nada
de dinero que todo sea
la vida o imposible
ecuación o menos
vida o todo lo que es vida
acaso señuelo dinero
o tanto dinero tanta
vida acaso lo que
importa no es un
tránsito, es recorrido
sin conciencia,
luego el orden de nuevo
primero el cuerpo, segundo
el dinero, no, el cuerpo antes
de lo primero, existe, es, no colocarlo
en la mente que salga de las entrañas
tercero los muertos tantos muertos
y el dinero que gastaron
todos los muertos y el sonido a monedas
al caer la tarde con los pájaros
yéndose sobre las mieses, segundo, el
cuerpo vivo exultante latente
cuerpo de vísceras sanas

o mejor el tercero, un cuerpo menos,
el oro brillando, la cruz
rebosa oro por dentro, la cruz de piedra
en el camino hacia el oro, el cuerpo
la salud, la pereza
el rozarse sacando los brazos
otro cuerpo más, cuerpos, no hay
dinero para tanto
entierro esparciéndose,
en el aire denso antiguos denarios
reales, yenes, peniques, dólares, piezas
de museo, dedos que tocaron,
ya nada, no hay nada, nada.

DE CÓMO TODO CAMBIA Y SE REGENERA

Las columnas que sostenían el Partenón
están deteriorándose de nuevo, hay que apuntalarlas,
es extraño después de tantos siglos regresar aquí
donde la historia se ha tragado viejos esquemas
que fueron meras ilusiones. Todo se repite.
Me arrincono en el hall del hotel. El templo fue símbolo
de la ciudad de Pericles en los tiempos
de la democracia ateniense, no era para todos.
Perdió parte de sus columnas y el techo.
Extraigo de mi alma un dolor como ajeno,
enfrente hay varios días, tragados por los siglos,
depositados como el agua de un jarrón sucia.
La imagen es peor cuando las veo, enhiestas.
Unas grúas se ocupan de rejuvenecerlas,
de que se agrieten menos, yo no sabía
cuando hace años estudiaba en la escuela primaria
nada de griegos ni romanos, no sabía que
el plisado de la carne engulle la lisura pero
que el deseo no desaparece, solo se recoloca
donde estaba, pero ya lo había olvidado.
Lo de siempre. Me gustaría cenar sola.
Varias veces tentada por beber ese vino viejo
en este balcón de cuya pared cuelga una maceta
a la que le sobra algo de tierra. No sé, es tan bella
esta rareza, estar aquí, o allí, los bloques de pisos
frente al templo de Atenea, a lo lejos.

Los beneficios de una mejor cosecha
redundan en el precio de la copa de vino.
Alguien me espera, es ella, apareció sin ser vista,
como un milagro, empleando esa manera de nombrar
aquello que no se entiende, ni se sabe, vino,
es eso, venir, no irse, como este vino
que ya tengo dentro de mi cuerpo evitando
un exceso de emociones. La luz de la luna
la he visto tantas veces, ahora no constata
cambio alguno. Ya no creo, solo siento
y las ramas de los árboles desde lejos
sueños son, y las vértebras quedan oprimidas
ante el retroceso de la cantidad de calcio
que he perdido con la edad. Nadie nos ha invitado,
te estoy esperando, estás saliendo, estás cerca
tienes un cuerpo de mujer con muchos años
es diferente al de cuando yo era joven, mucho
más joven, el Partenón ya estaba donde está.
En el año 490 aC. los atenienses decidieron
construir un templo a la diosa Atenea. Diez años después
los persas arrasaron la ciudad y el templo fue destruido
hasta sus cimientos. Hace siglos que todo se repite.
Un dolor de espalda, la manera de caminar, deglutir los
alimentos,
recién nacidos que lloran. Supe toda esta historia
acerca de los cambios de los templos de la Acrópolis

por un libro en el colegio de monjas católicas.
A finales del s. IV Teodosio emperador de Roma
prohibió el culto a los paganos dioses bizantinos
y la morada de la diosa –cuya estatua en oro y marfil
ya había desaparecido-
fue consagrada como Iglesia de la Virgen María.

Los libros, ya no se lee tanto, ya no se acaricia
tanto toda la mañana sintiendo la piel amada,
pero ah, tus manos, la manera de despertarnos
con nuestras cabezas juntas, como las columnas
allí, todo iluminado. Me gustaría fusionar una cosa con otra,
juntarla, adherirme a tu sombra,
a este instante que se unirá a otro instante,
quizás más largo. Atendamos a un momento de emoción
ahora que a casi nadie le importa la poesía,
que es la manera más humana de frotar el alma,
y nos encontramos solas, porque ella es solo útil
para que se desmenuce en una clase de literatura
y quede expuesta palabra a palabra en desorden
robando con esa intención todo su sentido. Casadas
palabras, las palabras se caerán en cascada
dejando nuevos destinos, sueños, muertes, tanta,
ya lo dije en un poema de hace años. Pericles
hace siglos proyectó la construcción en la colina sagrada
de un majestuoso templo para ensalzar a Atenea
aún no había nacido Jesús ni nosotras, ni nadie que espera
visitar en manada todos esos monumentos
querían tener recuerdos de las diosas que invocaban.
Hay un fragmento en un friso en el Museo Británico,
                                          /estuvimos juntas
para celebrar que nos queríamos con la misma intensidad.

Índice

DIVERSAS NIMIEDADES
de Concha García
-4/10 de la Colección Capitanas 2-
se terminó de editar y maquetar
por Nautilus Ediciones
en Zaragoza, España,
en abril de 2024.